RÉPUBLIQUE FRANÇAISE

LIBERTÉ, ÉGALITÉ, FRATERNITÉ

CONSEIL MUNICIPAL DE PARIS

RÉCEPTION

DE

SON ALTESSE LE BEY DE TUNIS

À L'HÔTEL DE VILLE DE PARIS

LE 13 JUILLET 1904

PARIS

IMPRIMERIE NATIONALE

MDCCCCV

République Française

Liberté · Egalité · Fraternité

VILLE DE PARIS

Paris, le Juillet 1912

Monsieur,

S. A. Mohamed En Nacer Pacha Bey, Possesseur du Royaume de Tunis, sera reçu à l'Hôtel-de-Ville, en présence de M. le Président de la République le Samedi 13 Juillet à 5 heures.

La Municipalité vous prie de vouloir bien assister avec elle à la cérémonie de réception qui conservera un caractère exclusivement officiel.

Veuillez agréer, Monsieur, l'assurance de notre considération la plus distinguée.

Le Président du Conseil Municipal,

Tenue :
Habit, insignes ou uniforme.

Entrée :
Porte centrale à 4 h. 1/2

Monsieur

A l'occasion de la visite de Son Altesse MOHAMED EL HADI PACHA BEY, *possesseur du Royaume de Tunis,* Madame ...._____. *est priée de vouloir bien se rendre à l'Hôtel de Ville, dans la salle des fêtes, le mercredi 13 courant à 3 heures et demie.*

Entrée, par la porte en façade sur la place de l'Hôtel-de-Ville (côté Rivoli), la salle Saint-Jean sous la 2ᵉ voûte et le grand escalier d'honneur à droite.

Tenue de ville de cérémonie.

Place réservée rigoureusement personnelle.

Liberté · Égalité · Fraternité

Son Altesse Mohamed En Nacer Pacha Bey, Possesseur du Royaume de Tunis, sera reçu à l'Hôtel de Ville de Paris, le Samedi 13 Juillet 1912, à 5 heures.

La Municipalité prie M.

d'assister à cette réception.

Salons de l'Hôtel de Ville
Entrée à 4h ½ par la porte latérale
en façade sur la Place de l'Hôtel de Ville.
CÔTÉ SEINE

INVITATION

Rigoureusement personnelle

Magnet, Grav. 10, Rue de la Paix - Paris

13 JUILLET 1912

VILLE DE PARIS

ENCEINTE RÉSERVÉE

Madame

Chiffre Or.

Ministère de la Guerre

REVUE DU 14 JUILLET 1912

Au Champ de Courses de Longchamp

ENCEINTE DE LA CASCADE

ENCLAVEMENT DES JOUTES DE L'HIPPODROME ET DE SAINT-CANTEUL

Valable pour une Personne

251

CETTE CARTE NE PEUT ÊTRE VENDUE

RÉCEPTION

DE

SON ALTESSE LE BEY DE TUNIS

À L'HÔTEL DE VILLE DE PARIS

LE 13 JUILLET 1904

A

RÉPUBLIQUE FRANÇAISE

LIBERTÉ. ÉGALITÉ, FRATERNITÉ

CONSEIL MUNICIPAL DE PARIS

RÉCEPTION

DE

SON ALTESSE LE BEY DE TUNIS

À L'HÔTEL DE VILLE DE PARIS

LE 13 JUILLET 1904

PARIS

IMPRIMERIE NATIONALE

—

MDCCCCV

RÉPUBLIQUE FRANÇAISE

LIBERTÉ, ÉGALITÉ, FRATERNITÉ

CONSEIL MUNICIPAL

DE PARIS

B

BUREAU

DU

CONSEIL MUNICIPAL DE PARIS

(ÉLU À L'OUVERTURE DE LA DEUXIÈME SESSION ORDINAIRE DE 1903).

———

PRÉSIDENT :

M. Georges DESPLAS.

VICE-PRÉSIDENTS :

MM. POIRY,
COLLY.

SECRÉTAIRES :

MM. LAJARRIJE,
PAEIS,
PANNELIER,
HÉNAFFE.

SYNDIC :

M. Léopold BELLAN.

Chef de Cabinet du Président : M. Léon MARTIN.

B.

ADMINISTRATION DE LA VILLE DE PARIS
ET DU DÉPARTEMENT DE LA SEINE.

———

PRÉFET DE LA SEINE : M. DE SELVES.

Secrétaire général de la Préfecture de la Seine : M. AUTRAND.

Directeur du Cabinet du Préfet de la Seine : M. Armand BERNARD.

PRÉFET DE POLICE : M. LÉPINE.

Secrétaire général de la Préfecture de Police : M. LAURENT.

Chef du Cabinet du Préfet de Police : M. CORNE.

SERVICES ADMINISTRATIFS.

Directeur des Finances : M. DESROYS DU ROURE.
Directeur de l'Enseignement : M. BEDOREZ.
Directeur de l'Assistance publique : M. MESUREUR.
Secrétaire général : M. THILLOY.
Directeur de l'Octroi : M. QUENNEC.
Directeur du Mont-de-Piété : M. DUVAL.
Directeur des Affaires municipales : M. MENANT.
Directeur des Affaires départementales : M. DEFRANCE.
Directeur des Travaux : M. DE PONTICH.
Directeur des Services d'Architecture et des Promenades : M. BOUVARD.
Receveur municipal : M. COURBET.
Directeur du Personnel : M. LE METZ.
Directeur de l'Inspection administrative et du Contentieux : M. DEROUIN.
Chef du Matériel : M. DARDENNE.
Inspecteur en chef des Beaux-Arts : M. BROWN.

SERVICES TECHNIQUES.

Service de la Voie publique : M. BOREUX, *inspecteur général des ponts et chaussées.*
Service de l'Assainissement : M. BECHMANN, *ingénieur en chef des ponts et chaussées.*
Service de l'Hygiène : M. le Dr A.-J. MARTIN.
Services départementaux : M. HÉTIER.
Architecte-voyer en chef : M. VIGNEULLE.

SECRÉTARIATS DES CONSEILS MUNICIPAL ET GÉNÉRAL.

Directeur : M. PAOLETTI.
Chef du Secrétariat du Conseil municipal : M. VAUTREY.
Chef adjoint : M. SERGENT.
Chef de Service du Secrétariat du Conseil général : M. HUBAULT.
Chef adjoint : M. DUPREY-LEMANSOIS.

LISTE ALPHABÉTIQUE

DE

MM. LES MEMBRES DU CONSEIL MUNICIPAL DE PARIS.

MM.

Achille, négociant, *quartier des Archives* (III⁰ arrondissement), rue du Temple, 178.

Alpy, docteur en droit, avocat à la Cour d'appel, *quartier de l'Odéon* (VI⁰ arrondissement), rue Bonaparte, 58.

Andigné (D'), ancien officier de cavalerie, *quartier de la Muette* (XVI⁰ arrondissement), rue Franklin, 19.

Archain, correcteur-typographe, *quartier Saint-Fargeau* (XX⁰ arrondissement), rue Pelleport, 165.

Aulan (Comte d'), ancien député, *quartier de Chaillot* (XVI⁰ arrondissement), rue Léonard-de-Vinci, 5.

Barillier, marchand boucher, *quartier Rochechouart* (IX⁰ arrondissement), avenue Trudaine, 27

Bellan, négociant, *quartier du Mail* (II⁰ arrondissement), rue des Jeûneurs, 30.

Berthaut, facteur de pianos, *quartier de Belleville* (XX⁰ arrondissement), rue des Couronnes, 122.

Bertrou (Gabriel), avocat à la Cour d'appel, *quartier Gaillon* (II⁰ arrondissement), rue de Lisbonne, 11

Billard (Eugène), avocat à la Cour d'appel, *quartier de la Place-Vendôme* (I⁰ʳ arrondissement), avenue de l'Opéra, 3.

BRENOT, industriel, *quartier Sainte-Avoye* (III° arrondissement), allée Verte, 4, et rue Saint-Sabin, 58.

BROUSSE (Paul), docteur en médecine, *quartier des Épinettes* (XVII° arrondissement), avenue de Clichy, 81.

BUSSAT, représentant de commerce, *quartier de la Chapelle* (XVIII° arrondissement), boulevard de la Chapelle, 14.

CAIRE (César), docteur en droit, avocat à la Cour d'appel, *quartier de l'Europe* (VIII° arrondissement), rue de Constantinople, 39.

CARON (Ernest), avocat, ancien agréé, *quartier Vivienne* (II° arrondissement), rue Saint-Lazare, 80.

CHASSAIGNE-GOYON, docteur en droit, avocat, *quartier du Faubourg-du-Roule* (VIII° arrondissement), rue La Boëtie, 110.

CHAUSSE, ébéniste, *quartier Sainte-Marguerite* (XI° arrondissement), rue Godefroy-Cavaignac, 8.

CHAUTARD, docteur ès sciences, *quartier Necker* (XV° arrondissement), rue Olivier-de-Serres, 15.

CHÉRIOUX (Adolphe), entrepreneur de maçonnerie, *quartier Saint-Lambert* (XV° arrondissement), rue de l'Abbé-Groult, 95.

COLLY, imprimeur, *quartier de Bercy* (XII° arrondissement), quai de la Rapée, 2.

DAUSSET (Louis), agrégé de l'Université, *quartier des Enfants-Rouges* (III° arrondissement), rue Béranger, 6.

DESPLAS, avocat, *quartier du Jardin-des-Plantes* (V° arrondissement), rue de l'Arbalète, 34.

DEVILLE, avocat à la Cour d'appel, *quartier Notre-Dame-des-Champs* (VI° arrondissement), rue du Regard, 12.

DUVAL-ARNOULD, docteur en droit, avocat à la Cour d'appel, *quartier Saint-Germain-des-Prés* (VI° arrondissement), rue de Rennes, 95.

Escudier (Paul), avocat à la Cour d'appel, *quartier Saint-Georges* (ix⁰ arrondissement), rue Moncey, 20.

Evain, avocat à la Cour d'appel, *quartier d'Auteuil* (xvi⁰ arrondissement), rue Michel-Ange, 68.

Faillet, comptable, *quartier de l'Hôpital-Saint-Louis* (x⁰ arrondissement), boulevard de la Villette, 57.

Fribourg, employé, *quartier de Picpus* (xii⁰ arrondissement), boulevard de Reuilly, 40.

Froment-Meurice (François), industriel, *quartier de la Madeleine* (viii⁰ arrondissement), rue d'Anjou, 46.

Galli (Henri), homme de lettres, *quartier de l'Arsenal* (iv⁰ arrondissement), rue de Courcelles, 111 *bis*.

Gay, publiciste, *quartier de la Porte-Dauphine* (xvi⁰ arrondissement), rue de Sfax, 4.

Gelez, employé, *quartier Saint-Ambroise* (xi⁰ arrondissement), rue du Chemin-Vert, 99.

Girou (Georges), administrateur commercial, *quartier de la Porte-Saint-Denis* (x⁰ arrondissement), boulevard de Strasbourg, 71.

Grébauval (Armand), homme de lettres, *quartier du Combat* (xix⁰ arrondissement), rue de la Villette, 47.

Hénaffe, graveur, *quartier de la Santé* (xiv⁰ arrondissement), rue de la Tombe-Issoire, 36.

Heppenheimer, ébéniste, *quartier de la Goutte-d'Or* (xviii⁰ arrondissement), rue Doudeauville, 35.

Houdé, industriel, *quartier de la Porte-Saint-Martin* (x⁰ arrondissement), rue Albouy, 29.

Jolibois, conducteur des ponts et chaussées, *quartier Notre-Dame* (iv⁰ arrondissement), quai de l'Hôtel-de-Ville, 46.

JOUSSELIN, rentier, *quartier des Ternes* (XVIIe arrondissement), avenue Mac-Mahon, 35.

LAJARRIJE, chaudronnier en cuivre, *quartier du Pont-de-Flandre* (XIXe arrondissement), rue de Flandre, 130.

LAMBELIN (Roger), publiciste, *quartier des Invalides* (VIIe arrondissement), rue de Bellechasse, 45.

LAMPUÉ, photographe, *quartier du Val-de-Grâce* (V^e arrondissement), boulevard de Port-Royal, 72.

LANDRIN, ciseleur, *quartier du Père-Lachaise* (XXe arrondissement), rue des Prairies, 81.

LEFÈVRE (André), chimiste, *quartier de la Sorbonne* (V^e arrondissement), rue Valette, 21.

LE GRANDAIS, publiciste, *quartier de Clignancourt* (XVIIIe arrondissement), rue des Cloys, 14.

LE MENUET (Ferdinand), *quartier Saint-Germain-l'Auxerrois* (Ier arrondissement), rue de Rivoli, 67.

LEVÉE, industriel, *quartier du Palais-Royal* (Ier arrondissement), rue de Rivoli, 176.

MARSOULAN, fabricant de papiers peints, *quartier du Bel-Air* (XIIe arrondissement), rue de Paris, 90-92, à Charenton (Seine).

MASSARD (Émile), publiciste, *quartier de la Plaine-Monceau* (XVIIe arrondissement), rue Jouffroy, 47.

MÉNARD (Joseph), avocat à la Cour d'appel, *quartier du Gros-Caillou* (VIIe arrondissement), rue Dupont-des-Loges, 9.

MERY (Gaston), homme de lettres, *quartier du Faubourg-Montmartre* (IXe arrondissement), rue Bergère, 28.

MITHOUARD (Adrien), homme de lettres, *quartier de l'École-Militaire* (VIIe arrondissement), place Saint-François-Xavier, 10.

MOREAU (Alfred), corroyeur, *quartier Croulebarbe* (XIIIᵉ arrondissement), boulevard Arago, 38.

MOREAU (Ernest), forgeron, *quartier de Grenelle* (XVᵉ arrondissement), rue Violet, 39.

MOREL (Pierre), employé, *quartier des Quinze-Vingts* (XIIᵉ arrondissement), boulevard Diderot, 84.

MOSSOT, négociant en vins, *quartier de la Salpêtrière* (XIIIᵉ arrondissement), rue Lebrun, 11.

NAVARRE, docteur en médecine, *quartier de la Gare* (XIIIᵉ arrondissement), avenue des Gobelins, 30.

OPPORTUN, ancien commerçant, *quartier Saint-Merri* (IVᵉ arrondissement), rue des Archives, 13.

OUDIN (Adrien), docteur en droit, avocat à la Cour d'appel, *quartier de la Chaussée-d'Antin* (IXᵉ arrondissement), avenue du Coq, 7.

PANNELIER, photographe, *quartier de Plaisance* (XIVᵉ arrondissement), avenue du Maine, 76.

PARIS, ouvrier charron, *quartier de la Villette* (XIXᵉ arrondissement), rue de Flandre, 33.

PATENNE, graveur, *quartier de Charonne* (XXᵉ arrondissement), rue des Pyrénées, 89.

PIPERAUD, ancien chef d'institution, *quartier Saint-Gervais* (IVᵉ arrondissement), rue de Sévigné, 12.

POIRIER DE NARÇAY, docteur en médecine et homme de lettres, *quartier du Petit-Montrouge* (XIVᵉ arrondissement), rue d'Alésia, 81.

POIRY, peintre d'enseignes et décorateur, *quartier de Javel* (XVᵉ arrondissement), rue des Bergers, 16.

QUENTIN (Maurice), docteur en droit, avocat à la Cour d'appel, *quartier des Halles* (Iᵉʳ arrondissement), rue du Louvre, 44.

Quentin-Bauchart, avocat et homme de lettres, *quartier des Champs-Élysées* (viiie arrondissement), rue François-Ier, 31.

Ranson, représentant de commerce, *quartier du Montparnasse* (xive arrondissement), rue Froideveaux, 6.

Ranvier, peintre éventailliste, *quartier de la Roquette* (xie arrondissement), rue Camille-Desmoulins, 3.

Rebeillard, inspecteur départemental des Enfants-Assistés (E. D.), *quartier Bonne-Nouvelle* (iie arrondissement), rue Palestro, 1.

Rendu (Ambroise), docteur en droit, avocat à la Cour d'appel, *quartier Saint-Thomas-d'Aquin* (viie arrondissement), rue de Lille, 36.

Roussel (Félix), docteur en droit, avocat à la Cour d'appel, *quartier de la Monnaie* (vie arrondissement), boulevard Saint-André, 4.

Rousselle (Henri), commissionnaire en vins, *quartier de la Maison-Blanche* (xiiie arrondissement), rue Hallé, 34.

Rousset (Camille), éditeur, *quartier Saint-Vincent-de-Paul* (xe arrondissement), rue Lafayette, 114.

Rozier (Arthur), employé, *quartier d'Amérique* (xixe arrondissement), rue Compans, 60 *bis*.

Sauton, architecte, *quartier Saint-Victor* (ve arrondissement), place Maubert, 3.

Sohier, *quartier des Batignolles* (xviie arrondissement), boulevard de Courcelles, 87.

Tantet, ancien négociant, *quartier des Arts-et-Métiers* (iiie arrondissement), rue Turbigo, 89.

Turot (Henri), publiciste, *quartier des Grandes-Carrières* (xviiie arrondissement), rue d'Orsel, 47 *ter*.

Weber (Joseph), représentant de commerce, *quartier de la Folie-Méricourt* (xie arrondissement), rue d'Angoulême, 37.

AVANT-PROPOS.

Au cours du voyage qu'il accomplit en France en
1904, S. A. Mohammed El-Hadi Pacha Bey, possesseur
du royaume de Tunis, a été reçu par la Municipalité à
l'Hôtel de Ville de Paris.

Le Bureau du Conseil municipal, continuant la tradition établie à l'occasion des précédentes visites de souverains, a décidé qu'un compte rendu officiel de cette
solennité en consacrerait le souvenir.

Il a confié à M. Léopold Bellan, syndic, le soin de
présider à cette publication qui constituera une page
nouvelle de l'histoire des relations de la Capitale avec les
représentants des pays étrangers. Tour à tour, en ces
dernières années, les Souverains des grandes puissances,
Russie, Angleterre, Italie, Portugal, Grèce, ont signé
dans le Palais municipal le procès-verbal de leur visite; le
lecteur qui parcourt ces archives y salue le nom du Président Krüger, et la Reine Ranavalo a laissé également
sur ces pages le souvenir de son passage. A côté de ces
visites diplomatiques ou officielles, d'autres témoignages
affirment les relations des représentants élus des peuples
avec la Municipalité parisienne : délégués anglais, ita-
liens, scandinaves, délégués des corps municipaux des

pays les plus divers, savants, explorateurs, étudiants, commerçants ou ouvriers s'y sont inscrits tour à tour.

Le Bureau du Conseil municipal a publié sur ces réceptions des documents authentiques qui, plus tard, marqueront les préoccupations et les tendances de notre époque, en même temps qu'ils feront connaître les coutumes et les traditions de la vie municipale.

La visite de S. A. le Bey de Tunis devait marquer sa place dans cette chronique.

Le récit des circonstances qui l'accompagnèrent dira comment la sympathie de la population parisienne et de ses élus s'est manifestée à l'égard de S. A. Mohammed El-Hadi Pacha Bey, en reconnaissance du nouveau gage d'attachement que celui-ci apportait à la France, et témoignera de la sollicitude de la Capitale pour les intérêts puissants dans lesquels notre responsabilité nationale est engagée en Tunisie. Enfin il établira la part que prit la Ville de Paris dans les fêtes organisées par le Gouvernement de la République.

La rédaction de la présente relation a été confiée à M. Émile Schwartz, chef du Secrétariat du Syndic. Le rédacteur s'est efforcé de conserver au récit le caractère de rigoureuse exactitude d'un document officiel.

Un portrait de S. A. le Bey, dans l'uniforme que celui-ci portait lorsqu'il assista aux grandes fêtes officielles, a été reproduit en tête de l'ouvrage. Cette œuvre, due au pinceau d'un artiste parisien de grand talent,

M. Albert Aublet, ayant figuré au Salon dans l'année même de la visite, il a paru qu'elle devait être choisie parmi les nombreuses effigies existantes du Souverain de la Régence.

Les travaux d'impression exécutés par l'Imprimerie nationale assureront à l'ouvrage une place honorable dans la collection des publications historiques de la Ville de Paris, si légitimement réputées pour la beauté de leur édition.

S. A. MOHAMMED EL-HADI PACHA BEY

D'APRÈS LE TABLEAU DE ALBERT AUBLET

(Cliché Caudrelier)

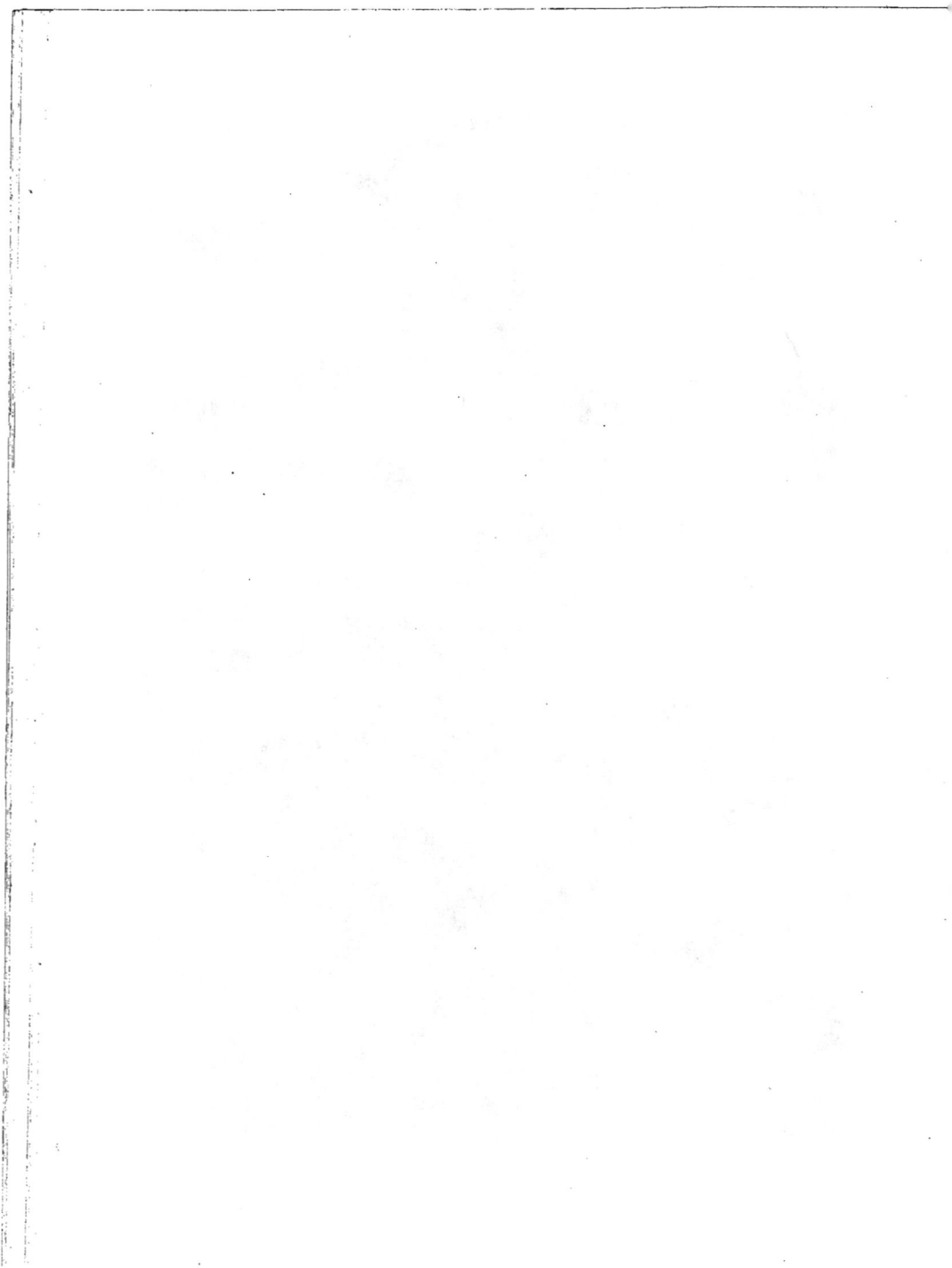

RÉCEPTION

DE

SON ALTESSE LE BEY DE TUNIS

À L'HÔTEL DE VILLE DE PARIS

LE 13 JUILLET 1904

I

Au mois d'avril 1903, M. Émile Loubet, président de la République, répondant aux vœux des représentants de l'Algérie, accomplit un voyage officiel dans les colonies du nord de l'Afrique.

Accompagné de M. Fallières, président du Sénat; de M. Léon Bourgeois, président de la Chambre des Députés; de M. Delcassé, ministre des Affaires étrangères; de sa Maison civile et militaire, des Députés et Sénateurs de l'Algérie, et d'un grand nombre de membres du Parlement, le Président parcourut les provinces de notre belle colonie, visita Alger, Oran, Tlemcen, le Kreider, Blidah, Tizi-Ouzou, Constantine, Timgad, Bône où il s'embarqua pour la Tunisie.

Le 27 avril, M. le Président de la République débarquait sur ce territoire où l'attendait un accueil triomphal.

Cette visite marquait un fait important dans l'histoire des relations de la Tunisie avec la métropole. Pour la première fois, le Chef de l'État français posait le pied sur la terre tunisienne, depuis que la France y avait établi son protectorat.

Les fêtes somptueuses qui furent offertes à M. le Président de la République, l'appel que lança S. A. le Bey de Tunis aux populations les plus lointaines de la Régence pour assurer leur participation à ces réjouissances, témoignèrent de la gratitude du Souverain et affirmèrent sa volonté de resserrer encore les liens qui unissent la Tunisie à la France.

On peut évoquer ici le souvenir de ces événements féconds en conséquences économiques et politiques, et rappeler les manifestations d'une intense couleur orientale dont ils furent le prétexte.

Parmi ces fêtes, que la presse entière décrivit avec enthousiasme, la cérémonie pacifique à laquelle donna lieu la présentation des délégués des provinces de la Tunisie laissera dans l'esprit du Président de la République et des représentants de la France le souvenir le plus vivace. Les détails en sont relatés en termes pittoresques dans un compte rendu que MM. Pierre Giffard et Paul Gers publièrent sur ce voyage :

Ce fut une surprise bien curieuse, rapportent ces deux témoins, lorsque le Président eut passé les troupes en revue avec le Bey et le Résident général, que l'arrivée, du fond de l'horizon, d'une masse blanche, rouge, jaune, verte, multicolore, agitant des drapeaux multicolores aussi, qui commença à défiler par compagnies de deux cents hommes sans armes, jeunes, vieux, gros, grands, petits, ceinturonnés de soie ou de laine, enturbannés d'étoffes à tous les prix, revêtus de manteaux voyants dont l'arc-en-ciel était dominé par des groupes de burnous d'une couleur orange, comme on en voit peu; et, quand un millier de ces hommes avait passé devant la tribune officielle sous la conduite de leurs caïds à pied, un autre millier débouchait du pli de terrain où six mille étaient massés dans le plus grand ordre.

Cette curieuse armée sans armes constituait la représentation de la Tunisie tout entière que le Bey avait convoquée par bans et arrière-bans pour saluer M. Loubet.

Et, chaque fois qu'une section de deux cents Musulmans arrivait devant la tribune, le chef de la bande poussait, en manière de prière, des cris gutturaux que tout son clan répétait derrière lui. C'étaient les louanges à Dieu et des souhaits de longue vie pour notre Président.

D'abord, les zaouias de la ville de Tunis défilent avec leurs innombrables drapeaux ornés d'emblèmes, surmontés du croissant et de la pomme.

A travers leurs deux files d'une centaine d'hommes chacune, galopent comme des chats des nuées de petits Musulmans qui agitent des encensoirs où le parfum est remplacé par des fleurs coupées.

Les emblèmes les plus divers, les plus antiques, avaient été décrochés du mur de la mosquée et faisaient figure avec les étendards.

Puis viennent les notables commerçants et les agriculteurs; puis, phénomène nouveau en une pareille solennité, les Juifs conduits comme les Musulmans par un de leurs chefs religieux.

Et le défilé continue... et de l'horizon arrivent toujours les longues théories bibliques marchant d'un pas mesuré sur l'herbe verte.

I.

Voici les notables de Tozeuv, ceux de Kef, ceux de Kairouan, ceux de Zaghouan, ceux de Sfax et ceux de Galiev, plus noirs et plus ascétiques.

..... On a fait voir en deux heures toute la Tunisie à M. Loubet.

Et le chroniqueur compare l'imposant appareil militaire du Kreider avec ce spectacle symbolique d'un peuple doux, pastoral, commerçant, défilant sans armes et à pied.

Tous furent unanimes à louer S. A. le Bey d'avoir eu la pensée d'offrir à M. le Président de la République cet hommage de la fidélité de la Tunisie.

S. A. Mohammed El-Hadi Pacha Bey entendit donner à ces manifestations une sanction qui affirmât plus hautement encore ses sentiments personnels de sympathie pour notre pays.

Lorsque M. le Président de la République quitta la Régence, S. A. le Bey, prenant congé de lui, exprima le désir de se rendre à Paris pour apporter à la France l'hommage de son attachement et remercier le Chef de l'État des hautes marques de sollicitude qu'il avait témoignées aux intérêts de la Tunisie.

M. Loubet répondit qu'il recevrait avec le plus grand plaisir la visite de Son Altesse et ajouta que la population de la France accueillerait avec honneur le représentant de la Tunisie.

Comme S. A. le Bey manifestait l'intention de se faire accompagner par un de ses fils, M. Loubet les invita tous deux personnellement à se rendre en France.

Le voyage fut dès lors décidé. M. Pichon, résident général de France en Tunisie, en prépara les dispositions avec le Ministère des Affaires étrangères. Tous s'employèrent, avec la meilleure grâce et la diplomatie la plus courtoise, à procurer à S. A. le Bey de Tunis un séjour qui fût une digne preuve de la sollicitude du Gouvernement français pour sa personne. Le voyage devait coïncider avec la célébration à Paris de la Fête nationale du 14 Juillet.

Les dispositions en furent définitivement arrêtées de la manière suivante :

12 juillet. — Arrivée à la gare de Lyon à 9 heures 9 du matin.

S. A. le Bey est salué au nom de M. le Président de la République par le Général Dubois, secrétaire général de la Présidence.

Les honneurs militaires sont rendus sur le quai par une compagnie d'infanterie de la Garde républicaine.

S. A. le Bey est accompagné à son hôtel dans les voitures de la Présidence avec escorte de cavalerie.

A 10 heures 45, S. A. le Bey rend visite à M. le Président de la République. Un bataillon d'infanterie avec drapeau et musique rend les honneurs dans la cour du Palais et la musique joue l'*Hymne beylical.*

A 3 heures, échange de visites officielles avec le Président du Sénat, le Président de la Chambre des Députés, le

Président du Conseil et le Ministre des Affaires étrangères;
cortège avec escorte.

A 7 heures 3o, dîner à la Présidence de la République.

13 juillet. — Déjeuner offert par le Ministre de la Guerre.
4 heures 3o, visite à l'Hôtel de Ville;
8 heures 15, visite de l'Hôtel de la Monnaie :
Cortège avec escorte.

Le soir, S. A. le Bey avec M. le Président de la République
assistent à une représentation de l'Opéra.

14 juillet. — M. le Président de la République va prendre
S. A. le Bey à 7 heures 15 à son hôtel pour se rendre à la
revue.

8 heures, revue sur le champ de courses de Vincennes.

Après-midi, visite du Bois de Boulogne.

7 heures, dîner au Ministère des Affaires étrangères, suivi
de réception.

15 juillet. — Matinée, visite à Versailles. Départ, 8 heures,
gare des Invalides. 8 heures 3o, Versailles, visite du Château
et du Parc. 10 heures 56, départ de Versailles.

Midi 15, déjeuner intime à la Présidence de la République.

4 heures, départ de l'Élysée-Palace, escorte.

4 heures 3o, arrivée au Parc des Princes.

7 heures, dîner à l'hôtel.

8 heures 4o, départ pour la gare de Lyon. Escorte com-
mandée par les soins de la Présidence de la République. Une
compagnie d'infanterie de la Garde républicaine rend les
honneurs sur le quai de la gare.

9 heures 2o, départ pour Marseille.

16 juillet. — 9 heures 31 matin, arrivée à Marseille.

S. A. le Bey est salué par les mêmes autorités qu'à l'arrivée.

Les honneurs sont rendus sur le quai de la gare par une compagnie d'infanterie.

S. A. le Bey se rend directement de la gare au quai d'embarquement.

S. A. Mohammed El-Hadi Pacha Bey débarqua en France, à Marseille, le 11 juillet 1904. Il était accompagné de ses deux fils, S. A. Sidi Mohammed El-Tabar Bey et S. A. Sidi Mohammed El-Bachir Bey, tous deux généraux dans l'armée tunisienne.

Sa suite comprenait :

S. Exc. Sidi Mohammed El-Aziz Bou Attour, premier ministre;

Si Azouz ben Aïssa, général de la Garde de S. A. le Bey;

Si Salah Bou Derbala, colonel de la Garde de S. A. le Bey;

Le Dr Lovy, premier médecin de S. A. le Bey;

Si Klelil El-Morali, commandant-major,

Si Mahmoud ben Haider, major, ses gendres;

Si Moustafa Denguezli caïd de la banlieue de Tunis.

S. A. le Bey, reçu à son débarquement avec les honneurs militaires, fut accompagné avec escorte à la Préfecture, où le Préfet des Bouches-du-Rhône, au nom du Gouvernement, lui souhaita la bienvenue sur le territoire de la République.

M. le Commandant Roulet, officier d'ordonnance du Président de la République, désigné pour être attaché à la personne de S. A. le Bey pendant son séjour en France; M. Pichon, résident général de la République française à Tunis, s'étaient rendus directement à Marseille, ainsi que M. Roy, secrétaire général du Gouvernement tunisien, et M. Brice, premier secrétaire d'ambassade, chef des Services de la Tunisie au Ministère des Affaires étrangères.

Tous furent présentés à Son Altesse dès son arrivée, et chacun d'eux occupa dès lors près d'elle les fonctions qui lui étaient dévolues.

Après une visite de la ville et un dîner à la Préfecture, S. A. le Bey était accompagné à la gare, où les honneurs militaires lui étaient rendus, et s'embarquait pour Paris.

S. A. Mohammed El-Hadi Pacha Bey avait déjà visité la France avant de monter sur le trône de la Régence. Son éducation, ses goûts, les séjours antérieurement accomplis à Paris l'avaient mis au fait de l'existence parisienne et il avait gardé le souvenir de l'accueil reçu, étant prince héritier, de M. le Président de la République.

Il retrouva Paris en fête; les préparatifs de la célébration du 14 Juillet auraient suffi seuls à donner à la Capitale l'animation et la gaieté; sa présence ajouta un éclat exceptionnel à ces manifestations.

De même que du fond de la Régence les populations étaient venues à Tunis pour saluer le Président de la

République, de même, de tous les points de la province, les visiteurs étaient accourus à Paris pour voir le représentant du puissant et légendaire royaume de Tunisie.

Il était facile de juger combien sa personnalité rencontrait de sympathie dans les divers milieux de la société parisienne.

L'accueil de la Municipalité de Paris en fut un nouveau témoignage pour S. A. Mohammed El-Hadi Pacha Bey.

II

Le Bureau du Conseil municipal, réuni sous la présidence de M. Desplas, décida qu'une invitation serait adressée à S. A. le Bey de Tunis au nom de la Ville de Paris, et que M. le Président de la République serait prié d'assister à la réception qui devait lui être offerte à l'Hôtel de Ville.

S. A. Mohammed El-Hadi Pacha Bey accepta l'invitation qui lui parvint par les soins du Ministère des Affaires étrangères et exprima avec courtoisie la satisfaction qu'il aurait à visiter le Palais municipal.

Conformément à la tradition, le Bureau confia à M. Léopold Bellan, syndic du Conseil municipal, le soin d'organiser les préparatifs de la réception.

Après diverses conférences avec M. Mollard, chef du Protocole, et M. Bouvard, directeur des Services d'architecture, auquel M. le Préfet de la Seine avait donné mandat de le représenter dans ces négociations, M. Bellan, syndic, arrêta le cérémonial de la réception et en fit ratifier les dispositions par le Bureau.

Ces mesures prises, M. le Syndic pria M. de Selves, préfet de la Seine, d'en ordonner l'exécution définitive.

M. le Préfet de la Seine, s'associant aux intentions

du Bureau, s'empressa de donner en ce sens les instructions les plus larges aux services de son administration.

Le cabinet du Syndic établit aussitôt les listes d'invitations.

Les personnes ci-après furent priées, par lettre signée du Président du Conseil municipal et du Préfet de la Seine, de se joindre au Corps municipal pour recevoir les hôtes de la Ville de Paris.

Ces lettres furent déposées par les soins du Syndic au domicile de chaque invité; elles étaient ainsi libellées :

Paris, le 11 juillet 1904.

MONSIEUR,

Son Altesse MOHAMMED EL-HADI PACHA BEY, *Possesseur du Royaume de Tunis, sera reçu à l'Hôtel de Ville de Paris, le mercredi 13 juillet, à 4 heures et demie.*

La Municipalité de Paris vous prie de vouloir bien assister avec elle à la cérémonie de réception, qui conservera un caractère exclusivement officiel.

Veuillez agréer, Monsieur, l'assurance de notre considération la plus distinguée.

Le Président du Conseil municipal,	*Le Préfet de la Seine,*
DESPLAS.	DE SELVES.

ENTRÉE PAR LA PORTE CENTRALE AVANT 4 HEURES.

TENUE DE CÉRÉMONIE.

INVITATIONS PAR LETTRES

SIGNÉES DU PRÉSIDENT DU CONSEIL MUNICIPAL

ET DU PRÉFET DE LA SEINE.

MM. le Général Dubois, secrétaire général militaire, chef de la Maison militaire du Président de la République; Combarieu, secrétaire général civil de la Présidence de la République; le Colonel Bouchez, commandant le Palais de l'Élysée.

MM. Combes, ministre de l'Intérieur et des Cultes, président du Conseil des Ministres; Delcassé, ministre des Affaires étrangères; Mougeot, ministre de l'Agriculture; Doumergue, ministre des Colonies; Trouillot, ministre du Commerce, de l'Industrie, des Postes et Télégraphes; Rouvier, ministre des Finances; le Général André, ministre de la Guerre; Chaumié, ministre de l'Instruction publique et des Beaux-Arts; Vallé, ministre de la Justice; Pelletan, ministre de la Marine; Maruéjouls, ministre des Travaux publics; Bérard, sous-secrétaire d'État aux Postes et Télégraphes; Edgard Combes, secrétaire général du Ministère de l'Intérieur.

MM. Fallières, président du Sénat; Henri Brisson, président de la Chambre des Députés.

MM. Mollard, ministre plénipotentiaire, chef du Service du Protocole; Baron de Roujoux, sous-chef du Service du Protocole.

MM. Sohier, président du Tribunal de Commerce; Bourdillon, bâtonnier de l'Ordre des Avocats à la Cour d'Appel; Moutard-Martin, président de l'Ordre des Avocats à la Cour de Cassation et au Conseil d'État; Sayet, président de la Chambre des Agréés; Tourseiller, président de la Chambre des Avoués près la Cour d'Appel; De Biéville, président de la Chambre des Avoués près le Tribunal de première instance; Baitry, président-syndic de la Chambre des Huissiers;

Demonts, président de la Chambre des Notaires; Bartau-
mieux, président de la Chambre des Commissaires-Priseurs;
De Verneuil, syndic des Agents de change; Derode, prési-
dent de la Chambre de Commerce; Henry Ditte, président du
Tribunal de première instance; Pallain, gouverneur de la
Banque de France.

MM. Charles Blanc, ancien préfet de police; Lozé, ancien
préfet de police; Bruman, ancien secrétaire général de la
Préfecture de la Seine; Bourgeois, ancien secrétaire général
de la Préfecture de la Seine.

MM. Van Blarenberghe, président du Conseil d'administration de la Compagnie de l'Est; Barabant, directeur de la
Compagnie de l'Est; L. Aucoc, président du Conseil d'administration de la Compagnie du Midi; Glasser, directeur de la
Compagnie du Midi; J. Gay, président du Conseil d'administration de la Compagnie de l'Ouest; De Larminat, directeur
de la Compagnie de l'Ouest; Baron Alphonse de Rothschild,
président du Conseil d'administration de la Compagnie
du Nord; Sartiaux, ingénieur en chef de la Compagnie du
Nord; Baron de Courcel, président du Conseil d'administration de la Compagnie d'Orléans; Heurteau, directeur de la
Compagnie d'Orléans; Dervillé, président du Conseil d'administration de la Compagnie P.-L.-M.; Noblemaire, directeur
de la Compagnie P.-L.-M.; Beaugey, directeur des Che-
mins de fer de l'État; Bénard, président du Conseil d'administration du Métropolitain; André Berthelot, administrateur
délégué de la Compagnie du Métropolitain; Bertrand, directeur de la Compagnie du gaz; Boulanger, président du Conseil d'administration de la Compagnie des Omnibus.

M. Liard, vice-recteur de l'Académie.

MM. Tony Robert-Fleury, président de la Société des
Artistes français; Carolus Duran, président de la Société
nationale des Beaux-Arts; Prince d'Arenberg, président de la

Société d'encouragement pour l'amélioration des races de chevaux en France; Duc de Talleyrand, président de la Société des steeple-chases; Riotteau, président de la Société d'encouragement du demi-sang; Du Theil du Havelt, président de la Société hippique française.

MM. Maillard, Clémenceau, Sigismond-Lacroix, Mathé, Michelin, D⸢r⸣ Chautemps, Pierre Baudin, Levraud, D⸢r⸣ Thulié, A. Humbert, anciens présidents du Conseil municipal;

MM. Bixio, Hattat, anciens syndics du Conseil municipal.

MM. Danoux, maire du I⸢er⸣ arrondissement; Rodanet, maire du II⸢e⸣ arrondissement; Menin, maire du III⸢e⸣ arrondissement; Fabre, maire du IV⸢e⸣ arrondissement; Meurgé, maire du V⸢e⸣ arrondissement; Herbet, maire du VI⸢e⸣ arrondissement; Risler, maire du VII⸢e⸣ arrondissement; Beurdeley, maire du VIII⸢e⸣ arrondissement; Chain, maire du IX⸢e⸣ arrondissement; Bonnet, maire du X⸢e⸣ arrondissement; Darnay, adjoint du XI⸢e⸣ arrondissement; Sabot, adjoint du XII⸢e⸣ arrondissement; Expert-Bezançon, maire du XIII⸢e⸣ arrondissement; Colombet, adjoint du XIV⸢e⸣ arrondissement; Sextius-Michel, maire du XV⸢e⸣ arrondissement; Marmottan, maire du XVI⸢e⸣ arrondissement; Cosnard, maire du XVII⸢e⸣ arrondissement; Pugeault, maire du XVIII⸢e⸣ arrondissement; Mathurin Moreau, maire du XIX⸢e⸣ arrondissement; Vert, maire du XX⸢e⸣ arrondissement.

M. Fournier, président du Conseil de Préfecture;

MM. Brousse, Paupelyn, présidents de Section au Conseil de Préfecture;

MM. Laty, de Clauscnne, Pelisse, Desmarthes, Raoul Bompard, Bétolaud, conseillers de Préfecture.

MM. Autrand, secrétaire général de la Préfecture de la Seine; Armand Bernard, directeur du Cabinet du Préfet de la Seine; Arnaud, chef du Secrétariat particulier du Préfet; Desenne, chef du Secrétariat général; Horteur, secrétaire du Secrétaire général; Courallet, secrétaire particulier du

Préfet; Menant, directeur des Affaires municipales; Desroys du Roure, directeur des Finances; Bédorez, directeur de l'Enseignement; Bouvard, directeur des Services d'architecture; Defrance, directeur des Affaires départementales; Quennec, directeur de l'Octroi; De Pontich, directeur administratif des Travaux; Derouin, directeur de l'Inspection générale et du Contentieux; Fontaine, directeur des Travaux du Cadastre; Courbet, receveur municipal; Duval, contrôleur central; Edmond Duval, directeur du Mont-de-Piété; Laugier, secrétaire général du Mont-de-Piété; Mesureur, directeur de l'Assistance publique; Thilloy, secrétaire général de l'Assistance publique; de Metz, directeur du Personnel; Laffont, régisseur de l'Octroi; Blondeau, régisseur de l'Octroi; Millet, régisseur de l'Octroi; Fauconnet, chef de service, Caisse municipale; May, chef de service, Enseignement; Brown, inspecteur en chef des Beaux-Arts; Dardenne, chef du service du Matériel; Dauvert, chef de service, Conseil de préfecture; Contant, chef de service, Caisse municipale; Wolff, chef de service, Enseignement; Pelletier, chef de service, Aliénés; Domergue, chef de service, Affaires militaires; Moreau, chef de service, Ordonnancement; Dr Delaporte, médecin en chef; Dr A.-J. Martin, inspecteur général de l'Assainissement; Boreux, inspecteur général des Ponts et Chaussées; Bechmann, Bienvenüe, Wickersheimer, ingénieurs en chef; Hétier, Tur, Lauriol, Babinet, Colmet-Daage, ingénieurs en chef; Vigneulle, architecte-voyer en chef.

MM. Paoletti, directeur des Secrétariats du Conseil municipal et du Conseil général; Martin, chef du Cabinet du Président du Conseil municipal; Tavernier, chef du Secrétariat du Président du Conseil municipal; Léon, secrétaire particulier du Président du Conseil municipal; Hubault, chef du Secrétariat du Conseil général; Le Mansois, chef adjoint du Secrétariat du Conseil général; Vautrey, chef du Secré-

DESSIN POUR UN PROGRAMME

PAR PAUL AVRIL

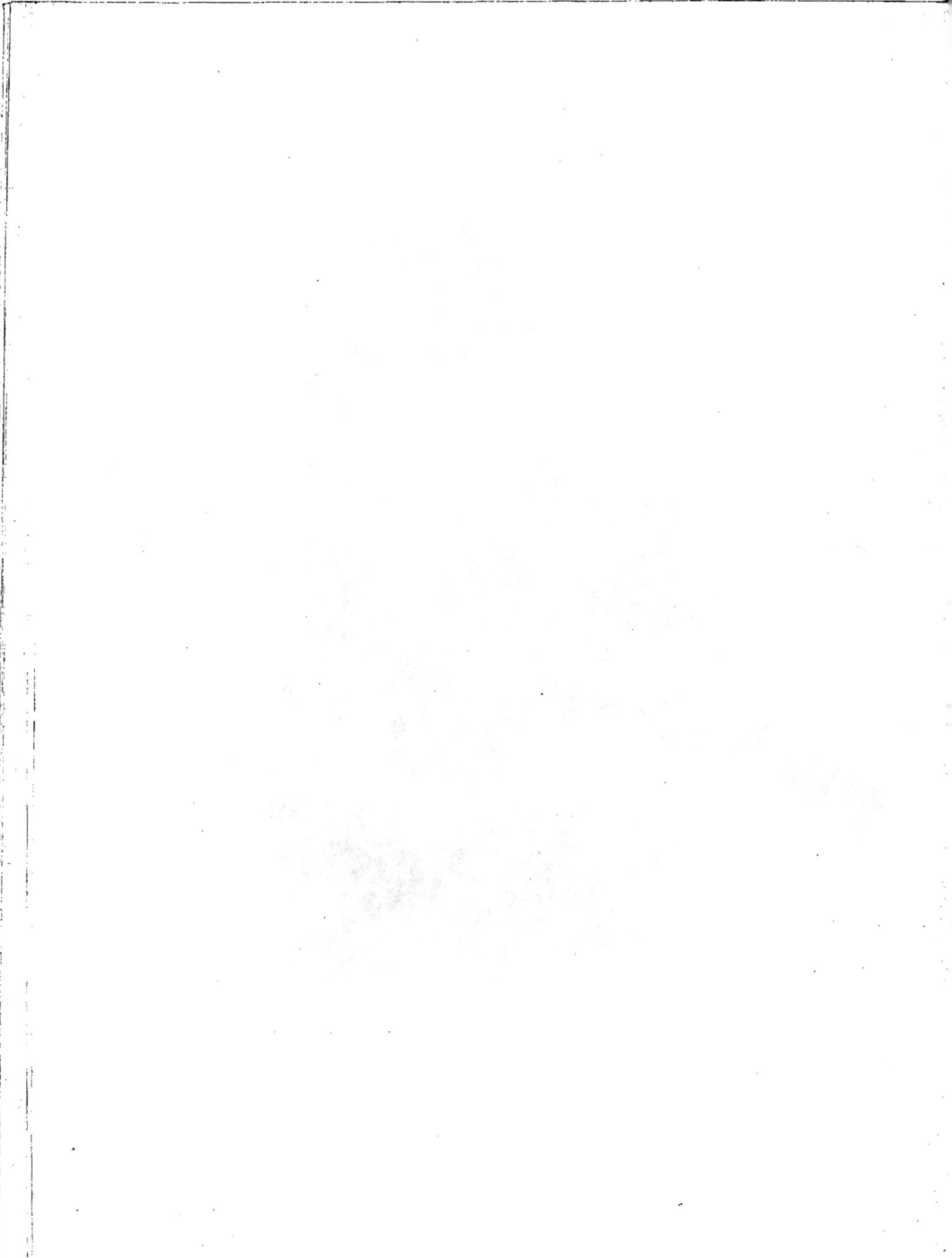

tariat du Conseil municipal; Sergent, chef adjoint du Secrétariat du Conseil municipal: Schwartz, chef de bureau, secrétaire
du Syndic; Auconnet, chef du Secrétariat du Président du
Conseil général.

MM. Laurent, secrétaire général de la Préfecture de Police; Mouquin, directeur général des Recherches; Corne,
chef du Cabinet du Préfet de Police; Nicolas, secrétaire
particulier du Préfet de Police; Moine, chef du Cabinet du
Secrétaire général; Touny, directeur de la Police municipale; Honnorat, Saint-Yves, chefs de Division; Bouvier, No-
riot, Orsatti, Grillières, commissaires divisionnaires; Hamard,
chef de la Sûreté; Pourlier, chef de la Comptabilité et du
Matériel; Bernard, contrôleur général; Girard, directeur
du Laboratoire; Gérard, inspecteur divisionnaire.

MM. Pinard, président de l'Alliance syndicale du Commerce et de l'Industrie; David Meunet, président de l'Association générale du commerce et de l'industrie des Tissus;
Soulé, président de la Chambre syndicale de la Ville de Paris
et du Département (industries du Bâtiment); Marguery, président du Comité de l'Alimentation parisienne; Expert-Bezançon, président du Comité central des Chambres syndi-
cales; Paul Fournier, président de la Chambre syndicale du
Commerce d'exportation; Ancelot, président du Comité français des Expositions à l'étranger; Mascuraud, président du
Comité républicain du Commerce et de l'Industrie; Noirot-
Biais, président de l'Association des Tissus; A. Muzet, président du Syndicat général du Commerce et de l'Industrie.

MM. le Général Florentin, grand chancelier de la Légion
d'honneur; le Général Dessirier, gouverneur militaire de
Paris; le Général Plagnol, chef d'état-major du Gouverneur;
le Général commandant le Département de la Seine; le
Général commandant la Place de Paris; le Colonel chef
d'état-major du Commandant de la Place; le Colonel de la

3

Garde républicaine; Vérand, Samson, lieutenants-colonels de la Garde républicaine; Carré, colonel commandant la Légion de Gendarmerie; Bellanger, colonel des Sapeurs-Pompiers; Vuilquin, lieutenant-colonel des Sapeurs-Pompiers; Pichon, résident général de la République française à Tunis; Roy, secrétaire général du Gouvernement tunisien; Brice, chef des services de la Tunisie au Ministère des Affaires étrangères.

Une lettre du Syndic, adressée aux journalistes accrédités pour suivre à titre permanent les travaux du Conseil, les priait de se joindre également à la Municipalité.

D'autre part, 8oo invitations ainsi rédigées ont été lancées par le Syndic du Conseil municipal :

RÉPUBLIQUE FRANÇAISE

LIBERTÉ, ÉGALITÉ, FRATERNITÉ

Son Altesse Mohammed El-Hadi Pacha Bey, *Possesseur du Royaume de Tunis, sera reçu à l'Hôtel de Ville de Paris, le mercredi 13 juillet 1904, à 4 heures et demie.*

La Municipalité prie M   *d'assister à cette réception.*

ENTRÉE À 3 HEURES ET DEMIE PAR LES PORTES LATÉRALES EN FAÇADE SUR LA PLACE DE L'HÔTEL-DE-VILLE.

INVITATION RIGOUREUSEMENT PERSONNELLE.

Ces cartes, donnant accès aux salons de réception que traversera le cortège officiel, ont été réparties entre les Membres du Conseil municipal de Paris et du Conseil général de la Seine, les Préfets et les Secrétaires généraux de la Préfecture de la Seine et de la Préfecture de police, les Directeurs et hauts fonctionnaires de l'Administration municipale.

Pendant que ces dispositions sont prises, les préparatifs matériels de la fête sont activement réalisés : l'Hôtel de Ville est pavoisé de drapeaux français et tunisiens agrafés en faisceaux à des écussons portant les armes de la République et de la Ville de Paris.

Cette parure brillante, que revêtent également les bâtiments annexes de la Préfecture et les maisons en bordure de la place, resplendit sous la vive lumière de ces journées qui sont les plus belles d'un été exceptionnel. Elle suffit à donner a l'Hôtel de Ville un grand air de fête. Le monument conserve toute la magnificence de son architecture qu'aucune modification n'altère; seule, la porte centrale est drapée de tentures somptueuses; la loggia formant avant-corps, édifiée lors des précédentes visites de souverains à cause de l'incertitude des saisons, a été remplacée par un léger et élégant décor de fleurs encadrant cette entrée d'honneur qui ne s'ouvre que devant les visiteurs les plus illustres.

Aux pilastres d'accès s'élancent en gracieux fouillis les plantes vertes les plus rares, dont les hautes palmes se détachent sur les sombres draperies frangées d'or.

Le seuil, les marches du perron sont recouverts de

3.

tapis et enclos de massifs de verdures fleuries d'hortensias et de plantes neigeuses, dont les corbeilles s'étagent
jusqu'aux grilles de la place.

Des faisceaux, des guirlandes, des vases fleuris com-
plètent avec grâce cette décoration.

A l'entrée de la Salle des Prévôts, des cavaliers de la
Garde républicaine, à pied, en tenue de gala, montent
une garde d'honneur.

Dans cette vaste salle qui sert de péristyle à l'Hôtel
de Ville auront lieu les présentations, cérémonie officielle dont les dispositions ont été arrêtées à l'avance
entre M. Desplas, président du Conseil municipal,
M. Léopold Bellan, syndic, et le Service du Protocole.

M. le Président de la République se rendra à l'Hôtel
de Ville le premier pour accueillir à son arrivée S. A. le
Bey de Tunis. Un fauteuil et des sièges ont été préparés
à cet endroit pour les quelques minutes d'attente qui
lui seront imposées.

Tout autour de la salle sont répandues à profusion
les plantes vertes tapissant les murailles, enserrant la
base des colonnes de marbre. A travers les baies large-
ment ouvertes sur la cour centrale s'aperçoit, dès l'entrée, le ravissant décor qui transforme cette partie du
monument en un jardin d'été à ciel ouvert. Au centre,
le magnifique groupe d'Antonin Mercié, *Gloria victis*,
émerge d'un socle de verdure, tandis que la colonnade
du pourtour disparaît sous les treillages légers couverts

de glycines et de feuillages grimpants, au milieu des-
quels des fleurs électriques aux teintes mystérieuses sont
dissimulées. Aux quatre pans coupés, de belles statues
se détachent sur ces fonds de verdure. Un épais tapis
vert couvre entièrement le sol; des barrières tendues
d'étoffe marquent une enceinte que le cortège traversera entre une double haie de gardes républicains.

Dès 3 heures et demie, les personnes officiellement
priées par lettres se réunissent dans la Salle des Prévôts. En même temps les invités de la Municipalité,
pénétrant par les grandes portes en façade de l'Hôtel de
Ville, se dirigent vers la Salle Saint-Jean où sont préparés les vestiaires; les commissaires les accompagnent
ensuite vers le grand escalier d'honneur qui leur donne
accès dans les salons de réception.

Ici le décor sera plus brillant encore; M. Bouvard,
qui connaît le goût personnel de S. A. le Bey de Tunis
pour les fleurs, en a jeté partout à profusion; de hautes
palmes s'élancent aux colonnades, des garnitures che-
minent le long des murailles, encadrent les glaces,
ornent les balustrades et les jardinières.

Deux lignes de barrières en velours or divisent la
grande Salle des Fêtes en quatre enceintes que vont
occuper les visiteurs.

Au centre, dans un hémicycle de verdure, deux fauteuils dorés sont disposés pour recevoir M. le Président
de la République et S. A. le Bey de Tunis. Une table

recouverte de peluche d'or porte le parchemin sur lequel est écrit le procès-verbal de la réception.

Vis-à-vis, cent vingt chaises dorées sont emprisonnées dans la verdure et les fleurs. Cette enceinte est réservée aux femmes des Conseillers municipaux et généraux et des hauts fonctionnaires de la Municipalité.

Chacune d'elles a été priée d'occuper personnellement sa place. L'invitation ci-après leur a été adressée :

A l'occasion de la visite de Son Altesse Mohammed El-Hadi Pacha Bey, *Possesseur du Royaume de Tunis, Madame*
est priée de vouloir bien se rendre à l'Hôtel de Ville, dans la Salle des Fêtes,
le mercredi 13 courant, à 3 heures et demie.

ENTRÉE PAR LA PORTE EN FAÇADE SUR LA PLACE DE L'HÔTEL-DE-VILLE (CÔTÉ RIVOLI),
LA SALLE SAINT-JEAN SOUS LA DEUXIÈME VOÛTE ET LE GRAND ESCALIER D'HONNEUR À DROITE.

TENUE DE VILLE DE CÉRÉMONIE.

PLACE RÉSERVÉE RIGOUREUSEMENT PERSONNELLE.

Grâce à cette disposition, M. le Président de la République et S. A. le Bey de Tunis traverseront les salons entre une double haie de visiteurs empressés à saluer les hôtes de la Ville de Paris, et une aimable assemblée de Parisiennes leur fera vis-à-vis pendant la cérémonie officielle.

A 4 heures 20, M. le Président de la République est annoncé. Il descend de voiture un instant après,

S. A. LE BEY DE TUNIS À L'HÔTEL DE VILLE

Cliché Chartres—Flavigny   Imp. Ch. Wittmann

au seuil de l'Hôtel de Ville, avec M. Abel Combarieu, secrétaire général de la Présidence, M. le Général Dubois, M. Mollard, chef du Service du Protocole.

M. Desplas, président du Conseil municipal; M. de Selves, préfet de la Seine; M. Lépine, préfet de police; M. Léopold Bellan, syndic; les Membres du Bureau, les Secrétaires généraux de la Préfecture de la Seine et de la Préfecture de Police descendent au-devant du Président de la République et l'accompagnent dans la Salle des Prévôts.

A son entrée, la musique du 46e régiment d'infanterie attaque la *Marseillaise*.

M. le Président de la République est entouré des Membres de la Municipalité et des invités officiels. Des présentations personnelles sont échangées.

Dix minutes après l'arrivée de M. Loubet, l'*Hymne beylical* se fait entendre; le cortège de S. A. le Bey de Tunis, escorté de cavaliers de la Garde républicaine, débouche sur la place de l'Hôtel-de-Ville au milieu des acclamations de la foule.

Dans le landau de S. A. le Bey ont pris place M. Pichon, résident général de France en Tunisie, et M. le Commandant Roulet, officier d'ordonnance de M. le Président de la République, attaché à la personne de Son Altesse.

Dans la deuxième voiture ont pris place : S. A. Mohammed El-Tabar Bey, S. A. Mohammed El-Bachir

Bey; M. Brice, chef des Services de la Tunisie au Ministère des Affaires étrangères; Général Si Azouz ben Aïssa.

Dans la troisième voiture : S. E. Sidi Mohammed El-Aziz Bou Attour, M. Roy, Colonel Si Salah Bou Derbala.

Dans la quatrième voiture : Major Si Klelil El-Morali, Major Si Mahmoud ben Haider, Major Si Rechid ben Haider, Caïd Si Moustafa Denguezli.

M. Desplas, président du Conseil municipal; M. de Selves, préfet de la Seine ; M. Lépine, préfet de Police ; les Membres du Bureau du Conseil municipal, MM. les Secrétaires généraux de la Préfecture de la Seine et de la Préfecture de Police s'avancent au-devant de S. A. le Bey de Tunis et descendent les marches du perron pour le saluer au moment même où il quittera sa voiture.

S. A. Mohammed El-Hadi Pacha Bey accueille avec une haute courtoisie les compliments de bienvenue des représentants de la Municipalité.

Le Souverain porte avec une élégante correction la tenue civile : longue redingote et pantalon noir, gilet blanc; seul le fez rouge, qu'il ne quittera pas au cours de la cérémonie, dénote sa nationalité dont il entend ne pas abdiquer les traditions.

S. A. le Bey de Tunis gravit les degrés entre M. Desplas, président du Conseil municipal, et M. de Selves,

préfet de la Seine, qui l'accompagnent auprès de M. le
Président de la République.

Les présentations sont échangées et le cortège officiel se forme aussitôt.

S. A. Mohammed El-Hadi Pacha Bey a pris place
entre M. Émile Loubet, président de la République,
à sa droite, et M. Desplas, président du Conseil municipal, à sa gauche.

M. de Selves, préfet de la Seine, tient la droite de
M. le Président de la République.

LL. AA. Mohammed El-Tabar Bey et Mohammed
El-Bachir Bey fils de S. A. le Bey de Tunis, M. Pichon, résident général, et les Ministres de la Régence
suivent immédiatement parmi les Membres du Conseil
municipal de Paris et du Conseil général de la Seine,
les hauts fonctionnaires de la Présidence de la République et de la Municipalité.

Le cortège, précédé des huissiers de la Municipalité,
gravit l'escalier Nord sur les marches duquel une double
haie de gardes républicains en tenue de gala se tient
immobile sous les armes.

A ce moment se fait entendre la musique de la Garde
républicaine placée dans la Salle des Cariatides, qui domine les voûtes de l'escalier d'honneur.

Les chants et la musique se succéderont dès lors
sans interruption sur le passage de S. A. le Bey de
Tunis jusqu'à sa sortie de l'Hôtel de Ville.

4

Entre la double haie de visiteurs empressés, de femmes gracieuses et parées, le cortège s'avance lentement dans la grande Salle des Fêtes. Chacun s'efforce d'apercevoir la physionomie de S. A. le Bey de Tunis, dont la haute stature domine toute l'assistance.

S. A. Mohammed El-Hadi Pacha Bey répond avec affabilité aux manifestations sympathiques dont sa personne et celle de M. le Président de la République sont l'objet.

Les deux Chefs d'État sont accompagnés aux fauteuils qui leur ont été préparés. Le cortège tout entier occupe debout les deux côtés de l'hémicycle; M. Desplas, président du Conseil municipal, et M. de Selves, préfet de la Seine, se placent en face de S. A. le Bey.

M. Desplas porte le premier la parole et salue Son Altesse dans les termes suivants :

Monseigneur,

En présence de M. le Président de la République, j'offre à Votre Altesse le salut respectueux de Paris.

La population parisienne, par son accueil enthousiaste, a déjà montré combien elle est heureuse de la visite de Votre Altesse; mais il appartenait à ses représentants élus de formuler expressément le témoignage de sa reconnaissance.

Les acclamations qui, de toutes les rues de la capitale, montent joyeusement vers Votre Altesse, expriment que Tunis et Paris ont des destinées communes, et que, grâce au protectorat de la République, un même avenir de grandeur et de prospérité les attend.

M. DE SELVES, préfet de la Seine, s'est ensuite exprimé ainsi :

MONSEIGNEUR,

M. le Président du Conseil municipal vient, au nom des élus
de Paris, et avec la haute autorité de ses fonctions, de Vous
exprimer le salut de la grande cité et ses souhaits de bienvenue.

Que Votre Altesse permette au Préfet de la Seine d'y
joindre les siens et aux souhaits qui montent vers elle d'ap-
poser en quelque sorte, en présence de M. le Président de
la République, le sceau de Paris dont la loi a voulu qu'il
fût le dépositaire.

Toutes les affections de la France, Paris les ressent; Votre
personne lui est chère, les intérêts de la Tunisie lui sont
précieux.

Que Votre Altesse soit assurée que son bonheur et celui
de sa famille, la prospérité de la Tunisie chaque jour gran-
dissante, grâce à la protection affectueuse de la France,
comptent parmi ses vœux les plus ardents.

La musique de la Garde républicaine, dissimulée
derrière les hautes tentures du Salon des Cariatides,
exécute alors l'*Hymne beylical*.

S. A. le Bey de Tunis, qui a suivi avec attention les
paroles des représentants de Paris, a témoigné à diverses reprises son approbation.

Après le discours de M. le Préfet, il s'est levé et a
répondu en français dans les termes suivants :

MESSIEURS,

C'est une joie pour moi de me retrouver dans votre cité,
dont l'histoire est si glorieuse, et de venir dans la capitale

4.

de la France apporter l'expression du sentiment d'union indissoluble de la Tunisie avec votre grand pays.

Je vous remercie de la fête que vous donnez en mon honneur à l'Hôtel de Ville et de l'accueil inoubliable que me font les représentants de Paris.

La *Marseillaise* se fait aussitôt entendre.

M. le Président de la République et S. A. le Bey de Tunis l'écoutent debout avec toute l'assistance.

Puis ils sont accompagnés vers la petite table sur laquelle est déposé le parchemin dont la rédaction est reproduite ci-contre. Ce document, calligraphié par un secrétaire de la Municipalité, M. Commin, sera conservé, suivant la tradition, à la bibliothèque Lepeletier de Saint-Fargeau, parmi les autographes de souverains que la Ville possède déjà.

Un porte-plume d'or est présenté à S. A. le Bey de Tunis par M. Moreau, l'un des secrétaires du Syndic.

S. A. Mohammed El-Hadi Pacha Bey signe en caractères arabes. M. le Président de la République appose également sa signature.

Le porte-plume leur ayant servi sera, suivant l'usage, déposé au Musée Carnavalet par les soins du Syndic du Conseil municipal.

Les hôtes de la Municipalité sont ensuite accompagnés vers les Salons à arcades où un buffet est aménagé.

Le cortège traverse la salle à manger officielle en

FAC-SIMILE DU PARCHEMIN

SIGNÉ PENDANI LA RÉCEPTION À L'HÔTEL DE VILLE

Monsieur Emile Loubet
Président de la République Française

s'est rendu le Mercredi 13 Juillet 1904 à quatre heures 1/2
à l'Hôtel de Ville de Paris

Son Altesse Mohamed El Hadi Pacha Bey
Possesseur du Royaume de Tunis

a été reçu en sa présence par Monsieur Desplas
Président du Conseil Municipal Monsieur de Selves
Préfet de la Seine, le Bureau et les Membres
du Conseil Municipal de Paris.

Ils ont signé le présent procès-verbal.

Le Président du Conseil Municipal

G. Desplas

La Préfet de la Seine

Les Vice-Présidents

Les Syndic

Bellan

Les Secrétaires

L. Paris

suivant l'itinéraire tracé par des barrières de velours rouge et or. De superbes massifs de fleurs et de palmes sont disposés autour de la pièce et forment un parterre au pied de la magnifique glace qui occupe toute la hauteur de la pièce, entre ses colonnes de bois sculpté.

Après avoir traversé le Salon J.-P.-Laurens, simplement décoré, M. le Président de la République et S. A. le Bey pénètrent dans les Salons à arcades.

A ce moment, est exécutée la *Marche de Tannhauser*, chantée sur le passage du cortège par les chœurs de l'Association artistique *Euterpe*, placés à l'extrémité de la Galerie Galand. Ce chant de fête solennel, répandant ses harmonies pleines de charme à travers les vastes salons, produit grand effet sur l'assistance qui s'arrête un instant pour l'écouter.

La cérémonie prend dès lors un caractère plus intime; dans cette salle un lunch est servi, et les toasts vont être prononcés.

Un vaste buffet adossé aux arcades de la Galerie Galand occupe toute la longueur des Salons des Sciences, des Arts et des Lettres. Le cortège officiel s'y rend directement.

M. Desplas, président du Conseil municipal, offre à M. le Président de la République et à S. A. le Bey une coupe de boisson glacée, tandis que les représentants de la Municipalité s'empressent auprès des fils du

Souverain et des hauts fonctionnaires de la Régence qui sont les hôtes de Paris.

M. LE PRÉSIDENT DU CONSEIL MUNICIPAL lève son verre et prononce le toast suivant :

Au nom de Paris, je porte la santé de S. A. Mohammed El-Hadi Pacha, Bey de Tunis, des princes, ses fils, et de toute la famille beylicale.

S. A. LE BEY DE TUNIS remercie d'un geste plein de courtoisie et répond :

Au nom de la Tunisie, je porte la santé de M. le Président de la République et je bois à la Ville de Paris.

A ce moment, les invités des salons se joignent au cortège officiel et prennent part au lunch. Les coupes de champagne s'échangent avec beaucoup d'entrain, et une réception intime et fort agréable s'organise.

Les chœurs, dirigés par M. A. Duteil d'Ozanne, exécutent avec maîtrise les morceaux du programme ci-après, qui obtiennent un légitime succès :

Vive la Rose, vieille chanson française harmonisée par.................... TURSET.

Près du Fleuve étranger............... GOUNOD.

Finale de la *Légende du Torrent*......... A. DUTEIL D'OZANNE.

L'Étang, chœur pour voix de femmes..... P. PUGET.
   Solo : Mlle GRÉGOIRE.

Adieu, mon Frère !.................... H. WOELRANT.
   MADRIGAL.

Les Bohémiens...................... SCHUMANN.

S. A. le Bey de Tunis est accompagné pendant ce temps vers le Salon des Lettres où est exposée sur une stèle l'aiguière de vermeil qui lui est offerte par la Municipalité, en commémoration de sa visite à l'Hôtel de Ville.

Cette aiguière, exécutée par la maison Odiot, est dessinée dans le goût italien du xvie siècle. La panse, de forme surbaissée à ressaut, est cerclée d'oves et ornée d'entrelacs de rinceaux, reliés par des motifs de fruits avec quatre mascarons en haut-relief. Le col est formé de cuir perlé ; sur le bec, à échancrures bordées de perles et de godrons, un faisceau de perles trilobées s'étage en éventail. L'anse, qui légèrement s'enroule en volute, s'orne d'un cartouche et de chutes de fruits.

Cet objet d'art, exposé dans son écrin, est offert par M. le Président du Conseil municipal à S. A. le Bey de Tunis, qui le remercie et lui exprime la satisfaction qu'il éprouve de posséder un souvenir de sa visite à l'Hôtel de Ville.

Après les fêtes, M. Desplas, président du Conseil municipal, entendant donner un prix plus particulier à cet hommage, se rendra en personne à l'hôtel de Son Altesse pour y déposer ce souvenir.

Le cortège, continuant sa marche, traverse les Salons à arcades au milieu des invités et gagne directement l'escalier Sud. Les accents de la *Marseillaise* retentissent à l'instant où M. le Président de la République et S. A. le Bey quittent les salons.

Le départ s'effectue dans le même ordre que l'arrivée et, à travers la cour du *Gloria Victis*, on gagne la Salle des Prévôts où S. A. le Bey va prendre congé de M. le Président de la République et de la Municipalité.

M. Desplas, président du Conseil municipal; M. de Selves, préfet de la Seine ; M. Laurent, secrétaire général représentant M. le Préfet de police; les Membres du Bureau accompagnent S. A. le Bey jusqu'au parvis de l'Hôtel de Ville, tandis que M. le Président de la République demeure quelques instants dans la Salle des Prévôts avec les Membres de la Municipalité.

Lorsque le cortège apparaît, la foule, qui de toute la place distingue S. A. le Bey, arrêté un instant pour la contempler du haut des marches du perron, salue le Souverain de joyeuses acclamations.

S. A. Mohammed El-Hadi Pacha Bey, ses fils et sa suite prennent place dans les voitures officielles qui s'éloignent à grande allure, entourées de leur escorte militaire. Il est à ce moment cinq heures.

Cinq minutes après, accompagné avec le même cérémonial, M. Émile Loubet prenait congé de la Municipalité, et son départ de l'Hôtel de Ville était salué par les ovations de la foule.

La réception organisée dans les Salons en l'honneur de S. A. le Bey de Tunis s'est prolongée jusqu'à six heures.

AIGUIÈRE OFFERTE PAR LA VILLE DE PARIS

À S. A. LE BEY DE TUNIS

Imp. Ch. Wittmann

III

M. le Président de la République se rend dans la matinée du 14 juillet à l'hôtel occupé par S. A. le Bey de Tunis, avenue des Champs-Élysées, pour accompagner son hôte au champ de manœuvres de Vincennes, où les troupes du Gouvernement militaire de Paris vont être passées en revue en sa présence.

S. A. le Bey de Tunis porte un haut intérêt à cette manifestation de la puissance militaire de la France, gardienne de la prospérité de son pays.

La foule des Parisiens est accourue innombrable pour le saluer, et la cérémonie emprunte à sa présence un grand éclat.

Le Président du Conseil municipal, le Préfet de la Seine, le Préfet de Police, de nombreux membres de l'Assemblée municipale et du Conseil général de la Seine, et les hauts fonctionnaires de la Municipalité occupent dans les tribunes officielles les places qui leur sont réservées.

L'après-midi, S. A. le Bey de Tunis s'est rendu au Bois de Boulogne; pendant ce jour de fête, il est resté en contact permanent avec la population parisienne, et ceux qui, retenus en semaine par le travail et les affaires, n'avaient pu l'apercevoir ont mis à profit cette journée pendant laquelle l'animation et la gaieté n'ont cessé de régner partout dans Paris.

Le lendemain, une visite au Fleuriste municipal était organisée pour déférer au désir exprimé par S. A. le Bey de Tunis. Parmi les merveilles que Paris offrait à sa curiosité, S. A. le Bey avait discerné, avec un jugement très sûr, cet établissement dont les riches collections, les jardins d'étude, l'outillage, les parcs peuvent rivaliser avec ceux des plus beaux fleuristes d'enseignement et d'agrément du monde entier.

S. A. Mohammed El-Hadi Pacha Bey s'intéresse aux fleurs et possède sur leur culture les connaissances d'un amateur éclairé. Dans son palais du Bardo sont entretenues à grands frais des collections précieuses auxquelles il consacre sa sollicitude personnelle. Les ressources prodigieuses du climat ont permis d'y réaliser des merveilles, et cependant bien des espèces n'y peuvent être acclimatées. La visite qu'avait projetée S. A. le Bey aux collections de la Capitale devait présenter pour lui un attrait tout particulier.

Des dispositions heureuses furent prises pour en augmenter l'intérêt.

L'été n'est pas la saison où le Fleuriste se présente sous l'aspect le plus favorable à une visite, le plus grand nombre des végétaux qui y sont cultivés servant à cette époque de parure aux jardins publics et beaucoup de serres s'en trouvant dégarnies. Néanmoins, il restait encore suffisamment de belles plantes pour rendre une excursion intéressante, à la condition de les présenter en des ensembles bien ordonnés.

La Municipalité disposait pour cela de fort peu de jours, mais elle comptait à juste titre sur l'initiative et le savoir éprouvé de M. Bouvard, directeur du Service des promenades et plantations, et de M. Gatellier, jardinier en chef du Fleuriste, placé sous ses ordres.

A tous deux la Ville de Paris doit la parure de ses promenades admirées du monde entier et le décor incomparable de ses fêtes: ils devaient employer toutes les ressources de leur art à présenter dignement à S. A. le Bey les collections magnifiques des serres municipales.

A l'occasion de sa visite, l'entrée principale du Fleuriste avait été magnifiquement décorée de plantes à feuillage ornemental et de fleurs diverses.

A l'extérieur étaient disposés deux superbes groupes de palmiers Kentia, Phœnix, Latanias, Chamerops, Cocos et de dracénas en très forts exemplaires, dont l'éclat était rehaussé par des plantes à fleurs, hortensias roses et blancs, hydrangeas, pervenches, godetias, etc. Des guirlandes en feuillage de chêne et fleurs complétaient la décoration des grilles de cette entrée.

A l'intérieur, sur la terrasse, en haut du grand escalier et à l'extrémité du péristyle, les quatre piédestaux avaient été garnis de plantes ornementales à feuillages et à fleurs variés.

5.

Un buffet avait été disposé sous une tente dressée à l'ombre des grands arbres, sur une pelouse du jardin d'agrément où un lunch devait être offert à S. A. le Bey, à sa suite et aux invités de la Municipalité.

La tente et ses abords étaient agréablement décorés de guirlandes de feuillage mélangé de fleurs, et la table du buffet parée de plantes et de fleurs aux vives couleurs.

Pendant que ces préparatifs s'accomplissaient, M. Léopold Bellan, syndic du Conseil municipal, lançait les invitations, au nombre d'un millier environ, qui furent entièrement réparties entre les Membres du Conseil municipal et du Conseil général, et les fonctionnaires supérieurs des deux Préfectures.

La carte portant invitation était ainsi libellée :

RÉPUBLIQUE FRANÇAISE.

LIBERTÉ, ÉGALITÉ, FRATERNITÉ

Son Altesse MOHAMMED EL-HADI PACHA BEY, *Possesseur du Royaume de Tunis, se rendra le vendredi 15 juillet 1904, à 4 heures, au Fleuriste municipal.*

La Municipalité vous prie d'assister à cette Visite.

TENUE DE VILLE.

ROUTE DE BOULOGNE. — ARRIVÉE PAR LA PORTE D'AUTEUIL.

La visite du Fleuriste municipal a eu lieu le vendredi 15 juillet à 4 heures et demie de l'après-midi, en

présence de M. Desplas, président du Conseil municipal; de MM. de Selves, préfet de la Seine; Lépine, préfet
de Police; de M. Léopold Bellan, syndic; des Membres
du Bureau et de Conseillers municipaux et généraux; de
M. Autrand, secrétaire général de la Préfecture de la
Seine; de M. Bouvard, directeur des Services d'architecture, des promenades et plantations, ainsi que d'un
grand nombre de hauts fonctionnaires de la Ville, de
notabilités diverses et des représentants de la Presse
municipale parisienne.

M. le Président du Conseil municipal, MM. les Préfets de la Seine et de Police, et les Membres de la
Municipalité ont reçu à l'entrée de l'établissement municipal S. A. le Bey de Tunis, qui s'y était rendu en voiture avec ses deux fils et les personnages de sa suite.

L'excursion a travers le Fleuriste s'organisa aussitôt.
Elle fut dirigée par M. Bouvard, sous la haute direction
de qui est placé le Fleuriste, et par M. Gatellier, jardinier en chef, qui ont donné à Son Altesse tous les ren-
seignements pouvant l'intéresser.

Un itinéraire arrêté d'avance a permis au Bey de se
rendre compte de l'importance du Fleuriste municipal
et de l'ensemble des richesses horticoles qu'il renferme.

Son Altesse a paru s'intéresser particulièrement à la
garniture des corbeilles disséminées dans les jardins,
composées, comme tous les ans, de variétés de plantes
pour la plupart nouvelles ou encore peu répandues, et

qu'il est indispensable d'étudier avant d'en généraliser la culture, pour apprécier si elles méritent d'être appelées à concourir à la décoration estivale des jardins publics.

Outre les végétaux dits *de collection,* qui ne sortent pas des serres et qui, à raison de leur rareté, offrent un très grand intérêt pour un amateur, S. A. le Bey a pu admirer les innombrables plantes à feuillage décoratif en exemplaires de toutes grosseurs, constituant le plus bel ornement des fêtes municipales, et dont la plupart appartiennent à la grande famille des Palmiers.

Le jardin d'hiver, dans lequel sont plantés, en pleine terre, de grands végétaux exotiques, a beaucoup attiré l'attention de S. A. le Bey, et il a paru émerveillé de leur port majestueux, de l'ampleur et de l'élégance de leur feuillage.

Les autres serres particulièrement admirées par Son Altesse sont, notamment, celles des Orchidées et des Broméliacées, ainsi que celles dans lesquelles sont élevées et entretenues les collections de plantes de serres chaudes et tempérées, si curieuses, soit par leur diversité, la beauté et la bizarrerie de leurs fleurs, soit par la richesse des coloris de leur feuillage unicolore ou polychrome; enfin, la serre aux Aroïdées exotiques, une des plus remarquables du Fleuriste municipal par la luxuriante végétation des plantes qu'elle abrite, les dimensions peu ordinaires de certaines d'entre elles et le nombre des espèces cultivées.

M. le Directeur des Promenades a également appelé l'attention de S. A. le Bey sur la célèbre collection d'Azalées de l'Inde, entretenue par la Ville, et qui ne comprend pas moins de 325 variétés. A cette époque, en juillet, ces plantes sont au repos et ne présentent par conséquent pas le brillant aspect qu'on leur connaît au moment de la floraison, dont l'épanouissement a lieu, chaque année, en avril-mai.

En quittant les serres, le cortège est arrivé à la tente ombreuse sous laquelle le lunch a été servi.

Aussitôt, M. Desplas, président du Conseil municipal, a porté un toast en se félicitant d'avoir eu l'honneur de présenter deux fois le Bureau du Conseil municipal à Son Altesse et a levé son verre à sa santé et à celle de sa famille.

S. A. Mohammed El-Hadi Pacha Bey a répondu qu'il était extrêmement touché de l'accueil qui lui était fait à Paris et qu'il en garderait éternellement le souvenir.

Au cours de la visite, la musique du 101e régiment d'infanterie, placée sur les pelouses, à l'ombre des grands arbres, a joué la *Marseillaise*, l'*Hymne beylical* et quelques morceaux fort agréablement interprétés.

Au moment où S. A. le Bey se disposait à quitter le Fleuriste, les ouvriers du Service des pépinières et des serres, groupés sur la terrasse, lui ont offert une superbe gerbe d'orchidées et de fleurs diverses, qui a été présentée à Son Altesse par le plus ancien d'entre eux, M. Bauer, surveillant du jardinage de 1re classe.

S. A. le Bey, sensible à cette attention, l'a remercié et a donné l'ordre que ces fleurs fussent déposées dans son wagon-salon, lors de son départ de Paris.

La Municipalité a pris congé de S. A. le Bey de Tunis au seuil du parc du Fleuriste et le cortège beylical s'est éloigné rapidement au milieu des acclamations de la foule.

La visite de S. A. Mohammed El-Hadi Pacha Bey au Fleuriste municipal avait conservé le caractère intime d'une excursion d'agrément, et le cérémonial des fêtes officielles en avait été écarté. La Municipalité avait voulu procurer à Son Altesse quelques instants de délassement parmi les fleurs dont elle aime à être entourée.

Cette intention fut habilement secondée par le jardinier en chef de la Ville, M. Gatellier, homme modeste et du plus grand mérite, auquel les représentants de la Municipalité se sont empressés de rendre hommage après la cérémonie, ainsi qu'au dévoué personnel du Fleuriste.

M. Desplas, président du Conseil municipal; M. de Selves, préfet de la Seine, et M. Lépine, préfet de Police, ont assisté au départ de S. A. le Bey de Tunis, lorsque le Souverain de la Régence quitta la Capitale.

Une fois de plus les chefs de la Municipalité ont témoigné de l'empressement avec lequel la Ville de Paris
s'associait aux honneurs que le Gouvernement de la
République a voulu rendre à sa personne.

Ces démonstrations, répondant aux manifestations
qui accueillirent à Tunis M. le Président de la République, ont affirmé la solidarité qui unit la Tunisie à
la France. Elles permettent d'envisager pour la nation
tunisienne un avenir de prospérité et de grandeur, auquel aura puissamment travaillé S. A. Mohammed El-
Hadi Pacha Bey, en secondant avec une haute sagesse
les efforts généreux que s'impose la France pour exer-
cer sur la Tunisie sa protection affectueuse.

TABLE DES GRAVURES.

www.ingramcontent.com/pod-product-compliance
Lightning Source LLC
Chambersburg PA
CBHW070903280326
41934CB00008B/1560